D1664822

Margrit Staub-Hadorn
Churz u guet

Margrit Staub-Hadorn

# Churz u guet

Gedankefötzeli

Cosmos Verlag

© 2001 by Cosmos Verlag, CH-3074 Muri bei Bern
Lektorat: Roland Schärer
Umschlagbild: Urs Flury, Aetingen
Satz und Druck: Schlaefli & Maurer AG, Interlaken
Einband: Schumacher AG, Schmitten
ISBN 3-305-00307-3

www.cosmosverlag.ch

# Vorwort

Bim Gottfried Keller
trinke d Ouge,
was die Wimper hält.
U mini Ouge suufe.
Si suufe Meer uus.
U si gränne Bäch.
Churz u guet,
bi mir gits
statt Gedicht
Gedankefötzeli.

# U öppemau…

I wünsche mer
nid lutter Guets.
Nid ds grosse Gäud.
Das nähm mer
d Tröim u d Hoffnig.
I wett für jede Tag
chli Schönheit.
Möcht sövu übercho,
dass 's längt
für chönne z gää.
U öppemau
e wiisse Elefant.

# Spure

Meh no aus antiki Tämple,
Burgruine oder Schlösser
si nes Räschte vom ne Ghütt,
Spure vo de chliine Lüt,
wo mi lö la fantasiere
über Läbe, wo emau isch gsii.

Vilech träffe di Gedanke
die, wo anno dennzumau
i dene Muure dänkt si worde,
u si tanze zäme über d Steine.

# Da capo al fine

We jung bisch, gspürsch,
es isch wi bim Lied:
Da capo al fine.
U jedes Mau gliich
u jedes Mau schön.
Aus chunnt geng wider,
der Früelig, der Summer,
di heisse Nächt
u ds Wäuerite im Meer.

We aut wirsch, merksch,
da capo al fine
tönt nümme gliich.
's chunnt nüt meh zrügg.
Ke Früelig, ke Stung.
Emu nid dä u nid die,
wo einisch isch gsii oder isch.
Drum nimm, was grad isch.
Was hesch, hesch emu de gha.

# Liecht

Wes duss aafat tage,
wär das e Liechtblick,
gieng eim es Liecht uuf,
we mes würd gseh.

# D Rach vo der Sprach

Mängisch
geischtere Wort,
wos nid git,
dür mi Chopf
u lö sech nid faa.
Mache mi gluschtig
u i weiss nid uf was.
Si striichle u chräble
u mache mi sturm
u mit mer der Lööu.
Das isch mitüüri
d Rach vo der Sprach.
Wiu se geng zööke
für mit ere z spile.
Wiu i se geng u geng
wider meh oder minger
fiin probiere z verfötzle.

# Gspüre

Mängisch
düecht es mi,
i ghör im Klang
vom Gsang
vo Blinde
d Schönheit,
d Harmonie
vor Nacht.
U i gspüre,
dass di Stärne,
wo erlosche si,
i mine Ouge
witerlüüchte
wi nes Lied.

# Geng wider nöi

Eh, isch das schön,
das Autvertroute,
wo geng wider chunnt
u so isch wi geng
u gliich wider nöi.
Hesch d Söiblueme gseh?
U jitz gits de Oschtereier.
Eis vo ne isch ds erschte.
Vergiss es nid z chüschte!
Ds erschte isch ds beschte.

# Verschiebe

Ds Erläbe u Gniesse
uf später verschiebe
isch troges.
We aut bisch, merksch:
Plane isch Roulette.
E sichere Bsitz
isch nume Erläbts.

# Gwohnheit

Wi ner schlürflet, wi ner isst
u zum Kafi d Zitig list,
wi ner ginet, wi ner schnarchlet
oder stöhnt, si ischs gwöhnt.

Wi si gsträäut isch, wi si redt
u nihm ds Haustuech härehet,
wi si liisli, we si d Sach macht,
drüber chlöönt, är ischs gwöhnt.

Der eint weiss vom anger,
wo ner chli z dick isch,
weiss, wi ner badet
u unbadet schmöckt,
weiss, wi ner schlaft,
wi ner fluechet u grännet.
Ke Spannig, kes Chrible,
kes Plange, kes Schwäbe.
Gwohnheit cha tödlech sii.
Oder e Hiuf z überläbe.

# Kari u d Politik

Das Linggs- u Rächtsgschtürm
sigi Chutzemischt, seit Kari.
Es sötti eifach zwo Parteie gäh.
Für au di arme Choleschufler eini
u eini für di paar, wo d Chöle hei.
U nächär stimme u bestimme,
wis Bruuch isch ir Demokratii.
Woou Määu, so wär er de derbii!

# Hoffnig

Ohni Hoffnig geit nüt.
Hoffe söttsch geng.
Hoffnig isch nid Illusion.
Di bruucht es zwar o.
Was wär üsi Wäut
ohni Glimmer u Glanz!
Mir bruuche chli Zouber.
Bruuche se, d Goukler,
di schwäbendi Jungfrou,
der Löi, wo zur Muus wird,
ds Wasser zum Wii!

Aber ir Realität,
im Totetanz vom Läbe,
begrab d Illusione!
D Hoffnig hingäge nie!

# Erschte Mei

Erschte Mei, Tag vo der Arbeit.
Teu schaffe u schaffes nie.
Teu schaffes o ohni z schaffe.
Di einte schafft ds Schaffe.
U disne machts z schaffe,
dass si nüt z schaffe hei.
Das aues wei mer hüt fiire!

# Gää u Näh

Nid gierig tue bim Näh
isch meischtens gschiid,
tuet aber mängisch weh.

Nid schmürzele bim Gää
isch nid geng gschiid,
tuet aber meischtens woou.

# Sourier

Zur Zit vo de Sourier
hätt sech e Sourier
d Wäut ohni Sourier
nid chönne dänke.
Aber di riisige Füess,
wo aus hei vertramplet,
di gwautige Müler,
wo aus hei verschlunge,
hei ds Renne de haut
uf d Lengi nid gmacht.

Zur Zit vo de Mönsche
cha sech der Mönsch
e Wäut ohni Mönsche
gar nümme dänke.
Derbii tüe mer gliich
wi denn ds grosse Viich.
Fragt sech nume, wi lang.

# Kari u d Wärbig

Fertig, seit der Kari,
er lööi sech nümme fecke
vo dene Wärbefritze.
Er heig jitz d Nase vou
vo au der nöie War.
Scho di auti sigi z viu.
Me wüssti gschider
vo so mängem nüt.
Eine, wo ir Wüeschti
nid am ne chüele Bierli
müess umenang studiere,
erlächni nämlech ringer.

# Lääri

Mängisch gheit me i ne Lääri.
Me het ke Grund, het aus.
I so Momänte fähle äuä d Tröim.
Wiu ungereinisch si si wider da.
U mit de Tröim chunnt d Hoffnig,
u d Muur um d Lääri riisst.

# Uf d Lengi

We uf üsne
Abfauhügle
oder i Ruine
Blueme blüeje,
merkt me,
we mes gspürt,
dass üsi Boute,
üsi Pärk
u guete Wärk
u Frävle
uf d Lengi
u im grosse Ganze
nid bedütend si.

# Summeraafang

Summeraafang.
D Tage churze.
Me gsehts nid,
schmöckts nid,
gspürt no nüt.
Aber si churze.

Gschäng nid
mit der Wermi!
Häb di Bääbi,
häb di am Liecht!
Häb di am Läbe!
Summeraafang.
D Tage churze.

# Di aute Lieder

Di Junge rümpfe d Nase,
mö se nümme ghöre,
üsi aute Lieder.
Aber äbe, für üs lige
näbe Grüch u Biuder
ir Erinnerig o Kläng.
Me het di Lieder gsunge,
wo me jung isch gsii.
Veruss bi Mond u Stärne.
Deheim am Stubetisch.
Schön isch es aube gsii!
Drum lööt is se no chli!
Mir göh ja glii
u nähme se de mit.

# Der Wind

Wüeschtesand
uf üsem Tisch.
Der Wind cha
d Ärde umrunde.
Cha tobe u tose.
Dür Täler fäge.
Böim usriisse.
Schiff versänke.
Süüsle u summe.
Poete umgarne,
wo Wortgirlande
wi Drache
i Himu lö stige
u wette wüsse,
wi aui Ching,
was der Wind macht,
we ner nid wääit.

# Ämmeböle

Im Grosse u Ganze
spile mer ender
e chliini u churzi Roue.
Drum renne mer,
bruuche geng Ziiu,
e Grund u ne Zwäck.
Hingäge ds Wasser,
ds Wasser vor Ämme,
schliift Ämmeböle
rund u für nüt.

# Stiui

E Windhuuch.
Es Flirre im Boum.
Es Husche im Gras.
Süsch nüt.
E Summernacht
het Grüüsch,
wo d Stiui no
chöi stiuer mache.
Es isch e Stiui
wi am Änd vom Lied.

# Der Wäg

Wünsche isch schöner aus ha.
U hoffe schöner aus wüsse.
Schöner aus aacho isch gah.
Der Wäg isch, was zeut.

# Oben ohne

Es eigets Luege
ir Badi,
die oben ohne
u die drumum
u fasch aui luege.
Di Junge nid,
di gseh witers nüt.
Di eutere Manne scho.
Emu, wes niemer gseht.
Isch ja o e Glägeheit.
U de grad so mängi!
Di eutere Froue o.
Die nid, wes niemer gseht.
Si luege äxtra.
U nid äxtra fründlech.
Schliesslech
hätt me früecher nie!
Das de scho nid!
So de scho nid!
U me hätt o gar nid dörfe.
U jitz isch es z spät.

# Eifach warte

We me gfragt u bruucht wird,
wird me grad e Chutte grösser.
Me fröit sech, chönne z gää.
Hingäge, wes geng meh bruucht
u we sogar das Meh nie längt,
de wett me, we nes herbschtelet,
me wär e aute Boum ir Hoschtet,
wo siner Bletter cha la gheie
u eifach stiustah, eifach warte,
bis dass es wider Früelig wird
u nöji Bletter tribe.

# Es herbschtelet

Glii faats a graue dusse.
U di chliine Depressiönli
mit de chliine chaute Pfötli
fö nach der aafa grabsche.
Drum nimm, was isch u masch,
es herbschtelet!
Nimm no ghörig d Ouge vou
vom weiche Liecht, de Farbe!
Schütt di Pracht i Gspüritopf
u tue der Dechu druuf!
Schla der no paar Pföschte ii!
Mach Negeli mit Chöpf!
U nächär häb di a däm Grüscht
u hoff, dass d Tage wider länge!

# Wett für nes Zitli…

Us aune Röhre News us auer Wäut.
Schnäu u farbig Chriege, Katastrophe.
Sogar mit wäm der Billy, u grad o no, wie.
Wi di Schöne wohne, wi di Riiche bschiisse.
U o öppe, wi di Arme unger d Reder chöme.
I wett, i wüsst, wis wär, wes nid so wär.
Wett für nes Zitli eine vo de Ahne sii,
wo aube uf e Märit zu de Bänkelsänger
si ga tschudere u chüschte bi de Moritate.

# Stiustand

Mängisch steit me nid,
me sitzt u ligt nid,
sondern hanget düre.
Gspürt ke Haut im Rügge.
U o ke Wind im Gsicht.
Wird schwär wi Blei
u hüület vor Erbarme
mit sech säuber.
Zum Glück git öppe
öppis oder öpper
i so Momänte eim e Mupf,
u ds Redli macht e Ruck
u faat sech aafa drääie.
D Morau vor Gschicht:
Nid nume lieb sii zäme,
enang o öppe müpfe!

# Anger

Wiu anger angers luege,
angers dänke, gspüre,
git es hüüfig Lämpe.
Wäre angeri nid angers,
de wäres nid di angere.
De gäbtis nüt meh z säge,
nüt meh z widerspräche.
U me chönnti gradso guet
aleini uf ne Insle.

# Wiu si sech…

Es git Lüt, wo
d Wäut bereise
u überau nüt angers
aus sich säuber gseh,
wiu si sech
aus Nabu
vo der Wäut erfahre.

U es git Lüt, wo
säute ungerwägs si,
aber o ir Ängi
d Witi gspüre,
wiu si sech
aus Teil erfahre
vom ne grosse Ganze.

# Ds Läbe

O we meinsch,
du hangisch nid
am Läbe,
hanget ds Läbe
äbe gliich a dir.
U das zeut meh.

# Nid grossi Wort

Es si nid grossi Wort,
es si di chliine, fiine,
wo eim chöi warm gä
oder mache z früüre:
Masch o ne Schnitz?
Sig doch mau stiu!
Verzeusch no chli?
So la mi doch la sii!

# Di Schlaue

Me sött bim Sündige
a d Fouge dänke.
Gschidi mache das.
Di Schlaue lös la sii
u rächne äiwäg ume:
Bim Chüderle chöi
zarti Sametpfötli
d Chraue uselaa.
Aber so ne Chräbu
tuet nid haub so weh
wi nie es Chräbeli.

# Wi me wetti…

Mis chliine Loblied giut nid Meischterwärk.
Es giut de truurigsüesse Kläng, wo im Advänt
di Trüppli vo der Heilsarmee i d Cheuti blase.
Di Kläng tüe Türli uuf zu Rüüm, wos gar nid git.
Lö eim für ne Momänt es Glück erahne,
wo nie isch gsii u wo o nie wird cho.
Si lö eim gspüre, nüt aus gspüre, ohni z dänke.
Lö eim la tröime, wi me wetti, dass es sötti sii.
I gniesse im Advänt di tuusig Liechter i de Strasse
u d Träne, wo mer jedes Mau i d Ouge schiesse,
we d Heilsarmee so truurigsüess i d Cheuti blast.

# Melancholii

Oh du fröhliche…
Das isch si ender säute,
di viu besungni Wienachtszit.
Mit de dicke, wiisse Flocke
schwäbt d Melancholii derhär,
leit sech uf di letschte Rose,
macht Eggigs rund u weich.
U d Wäut gseht stiu uus,
trotz em grosse Lärme.
U es schneit Gschichte,
wo mau gsii si u verbii si.
Ir Truurigkeit si Tröim,
si Chinderbiuderbüecher.

# Cheibe Züüg

Geng das Chrampfe!
U geng au dä Erger,
wo muesch abewurgge!
Säge darfsch ja nüt,
süsch faat miseeu
der eine aafa chlööne
vom Hunger i der Wäut!

# Dümple

Mängisch ma ni
eifach nümme.
Ds Gmüet wi Blei.
Wett hei, derbii
bi ni scho da.
Drum dümple ni
bi so re Flaute.
Hänke eifach
d Seeu a Mascht,
bis e stiife Wind
mer d Sägu
wider buuchet.

# Morgegschänk

Di stiui Schönheit
vom ne Wintermorge,
ds erschte Liecht,
das Glänze
uf em gfrorne Bode
si wi ne Troscht.
Es Morgegschänk,
wo aune ghört,
wos gseh u näh.

# Ikarus

Blib uf em Bode,
seit d Vernunft.
Mängisch la se rede
u häbe eifach ab.
Flüge wi der Ikarus
der Sunne zue.
Bi fäderliecht
ir dünne Luft.
Natürlech
wird es z heiss.
Natürlech
schmeuze d Flügu.
Aber lieber
öppe abegheie
aus nie ufeflüge!

# Schnure wär für d Chatz

Wett nid geng müesse rede.
Wett öppe chönne schnure.
Oder ds Fääli ströibe
u ne Chatzebuggu mache.
Oder d Chräueli chli uselaa.
Aber äbe, wär verstiengs!
Me luegt enang uf d Pfüüscht
u nid uf d Fingerspitze.

# Wörter, wo chöi male

Di Tage ha se wider einisch gseh,
di abertuusig wiisse Beji i der Luft.
Wi im Lied, wos schneielet u beielet.
I hätschele so Wörter, wo chöi male.
Si male mini Biuder vo der Chinderzit.

# Es düecht mi…

Mängisch düecht es mi,
es sig aus us de Fuege.
Mängisch, Gott u d Wäut
u ds Läbe sige genial.
Es isch haut aues relativ
u weder fautsch no richtig.
Der Einstein het si Theorii
zwar äuä angersch gmeint.
Aber so düecht si mi äbe
gäbig wi ne Moore.

# Bärze

We am ne Meiemorge
ganzi Voguschare liede
u ni no wett schlafe,
bi ni aube froh, dass i ke
Zürcher Morgemuffu bi.
Uf Bärndütsch cha ni
i so Fäu vo Härze bärze.
Uf Züridütsch giengs nid.

# Wunschlos

Wöue häbe,
was me het,
bringt eim nid viu.
Rundum glücklech
cha me nume
für Momänte sii.
Me cha sech ohni
viu z verlüüre
zimlech viu la näh.
Nume ja nie
d Tröim u d Fantasii.

# Gäb lang vergeit...

Jitz si di Tage wider da,
wo für ne churzi Zit
mit jedem länger wärde.
D Tage vo der Hoffnig,
wiu aus ersch chunnt.
Sperz di nid gäg d Fröid!
Vergüd se nid, di Tage!
Gäb lang vergeit, si si verbii.

# E churze Chut

Das isch e churze Chut,
het mi Vatter aube gseit,
we ds Heizigshouz isch cho,
het ds Bieli gno us gspaute.
Solang me jung u gsung isch,
ma me u het d Wäut im Griff.

Es isch nid ring z verchrafte,
dass me, we me euter wird,
sech geng wi schwärer tuet
mit auem, wo me wett u sött
u wo me ghört u gseht.
Aber 's isch e churze Chut.

# Schnäu chli derbii

Jede Tag News.
Farbig u schnäu.
Horrorszene vo
Hunger u Not.
Z viu zum Erfasse.
U ds Eländ
isch viu z wit ewägg.

U eines Tages
Biuder wi geng,
aber der Chrieg
isch ir Neechi.
De liide mer
schnäu e chli mit
u sammle u spände.

Aber schnäu
isch hie
wider aues verbii
u der Chrieg
wider dert.

# Früeligschnörz

De Böim geits wi üs,
si wärde im Auter
chli chnorig.
Aber so Chnörz
wi ds Wiibervouch,
wo im Verschmöikte
nach luftige Blüsli
ir Montere schilet,
hei si hingäge nid.
Si spienzle im Früelig
di zartischte Blüete
am aute Gsteu.
Böim chöme haut druus!

# Kari isch ke Zwiderwurz

We au vom Meie singe,
vom Früeligsduft ir Luft,
chönnt Kari schiesse.
Er würdi, we ner chönnt,
das Gwaagge, Gurre
u das Gschrei u Gflatter,
di ganzi Bruet u Bluescht
i ds Pfäfferland spediere.

Kari isch ke Zwiderwurz,
het nume wörtlech,
wi so vili, d Nase vou
vo dene cheibe Polle.

# Raffiniert

We ds härzige Käti
z fuu isch für öppis,
u das ischs no viu,
de geit es zu Kobi
u piischtet e Rung.
U Kobi, dä Tscholi,
gheit ine u machts.
Drufabe seit Käti
zu Kobi, däm Tscholi,
er sigi der Gröscht.
U Kobeli gloubts.

# De isch es Mei

We d Hüenerouge gränne
wäg nöie, rote Schue,
der Moudi wider muuset,
wiu d Chatze nümme wei,
de isch es Mei.
U i mögt aafa tanze.
U las la sii.
Das isch verbii.
I wett, i hätt e Narehuet,
de chönnt i Glöggli schüttle
u Gabriole mache,
u du würdsch lache, lache.

# Political Correctness

D Political Correctness
macht uf em Absatz kehrt,
wes häscheret im Ämmitau.
Niene geits so schön u luschtig,
wi wes hie räblet u chrisaschtet.
We eine Tschädere zu eire seit,
putzt die nihm ghörig ds Mösch,
seit Tschanggu oder Tschumpu,
u beidi hei, wes grad muess sii,
no ordli meh so Ruschtig.
D Political Correctness
houts ab wi ds Bisewätter,
gäb me frömde Fötzu zuere seit.

# Zwüsche Cho u Gah

Ohni d Hoffnig
nähmte d Gränze
vo däm chliine Rung
zwüsche Cho u Gah
eim schier der Schnuuf.
D Hoffnig sprängt se.
Teune hiuft si tröime.
Teune hiuft si dänke.
Es si nid Wäute
zwüsch de Philosophe
u de Liedersänger.

# Stoff

E Mönsch, wo für si Gschidi
zweni gspürt vom Läbe,
isch e Gfangne i sir Hut.
Was me gnosse, glitte het,
gschmöckt u gseh u ghört,
isch der Stoff für d Fantasii.
U di blüeit o hinger Muure.

# D Zit

Nach em Schnaagge
wirsch uf d Bei gsteut.
Machsch no gwagglig
erschti Schritt.
De jede Tag witer
u geng chli schnäuer.
U we chasch renne,
de woou, de geits los.
De wosch derbii sii.
Wosch füre u gwinne.
U d Zit, di Zit
rennt es Zitli mit
u plötzlech a der verbii.
U das wärs de gsii.

# Kari u ds Wätter

Obs schnei im Summer
oder ob es Chatze hagli,
sig im schnurz, seit Kari.
Was ihn wüetig machi,
das sig das Gwaagge
vo de Wätterfrösche.
U das Färnseh-Modi,
wo mit sine Stäckliarme
ahnigslos uf Isobare zeigt.

# Zit isch nid Gäud

Zit isch choschtbar.
U si choschtet nüt.
Üsi Zit isch ds Mass
vom erschte Schrei
zum letschte Schnuuf.
Mir chöi di Zit vergüde
oder chöi se bruuche.
U chöi vo Zit zu Zit
chli Zit verschänke.

# No bisch derbii

Summer, u no bisch derbii.
Verbing der Sorgepüntu,
es isch nid Gnieti-Zit!
Weder z heiss no z chaut.
Weder z früe no z spät.
D Musig isch nid z schnäu.
Häb di am ne Sunnestraau
u tanz u las la zwirble,
bis de wirbusinnig wirsch!
La d Haar im Wind la flüge!
Summer, u no bisch derbii.

# Summertröim

Blüetestoub
u  Düft ir Luft.
Summertröim
wei mit mer flüge.
Sperze gäge Sog
vom heimisch Bode.

I la se los.
I la se zie.
I blibe da.

's isch o ohni Tröim
im chüele Schatte
vo mir aute Linde
troumhaft schön.

# Gengwitersii

I de erschte schöne Märzetage
fö mer aa vom Summer tröime,
vo de Ferie u Würscht vom Grill.
U im Gflimmer vo der Juli-Hitz
schile mer scho uf e Herbscht,
gluschte nach em erschte Glas
vom chrüselige nöie Suuser.
We mer de bi däm Gengwitersii
im Winter plötzlech aut usgseh,
gloubts de der Gugger woou!

# Aanäh

Wes di däwä preicht,
dass chuum me chasch,
si Ratschleg biuig z ha.
Ja müessisch lehre säge!
U ds Schicksau aanäh!

Das isch das Demuetsbiud,
wo me nis iiprägt het,
das Biud vom Kelch,
wo me söu näh u trinke.

Aus ob me d Weli hätt
u Nei chönnt säge!

# Azorehoch

Ds Blau vom Himu
schwümmt im Goud.
Es Hüüchli Chupfer
glitzeret im Ährifäud.
D Natur platzt schier
us aune Näht
vor Üppigi u Schöni.
Aber i de Gsichter
vo üs Gstresste
isch es sunnigs Lächle
zmitts i dere Pracht
säute wi ne wiisse Elefant.

# Lieblingsthema

Nid normau di Nessi!
Mörderisch di Hitz!
Z chaut für Ougschte!
Z warm für e Septämber!
Verruckt das Wätter!
Was mieche mer o
ohni di kommode Sätz!
Was wett me o geng säge,
we me gar nüt z säge het
u gliich chli wetti brichte!

# Sprüchli

Inestäche,
dürezie,
umeschlaa
u abelaa.
So ha ni
aafa lisme.

Inelose,
düregah,
umegää
u loslaa.
So fa ni
aa begriife.

# Es nüechtelet

Es nüechtelet.
D Böim rötschgele.
Ds Gmüet gräutschelet.
Mit em Herbschtwind
u de Näbuschwade
chöme d Rilke-Biuder.
Chunnt d Melancholii.
I wehre mi nid gäg se.
Chli ds Stärbe gspüre
git der richtig Bode
für ds Errünne
vo de Hoffnigssämli.

# Gägewart

Für e buddhistisch Mönch
zeut nume d Gägewart.
Är seit, er los u redi jitz.
Di letschti Rose blüeji jitz.
Vergangeheit u Zuekunft
sige nid real, es gäb se nid.
Wär da derhinger chöm,
dä sig der Zitzwang los
u heigi meh vom Läbe.

U gliich hei d Tröimer,
wo chöi i de Biuder läbe
vo Tage, wo emau si gsii
oder wo no chönnte cho,
vilech no chli meh dervo.

# Aube

Nüt isch meh wi aube!
Aber aube isch es aube
äuä gliich chli angers gsii
aus mer is meine z bsinne.
Bim Rückwärtsluege
gseht me öppe Farbe,
wo anno dennzumau
nid gliichlig glüüchtet hei.
U so wirds äuä blibe:
Morn wird hüt zu geschter,
u geschter isch scho glii
di grüemti gueti auti Zit.

# U was gsehsch du?

Novämber.
Goud ir Luft.
Der Schlusstanz
vo de Bletter.

Dür d Hip-Hop-Brüue
vo der Melanie
ischs Rap u Breakdance.

Vor Bertas Ouge
wirblets, schwäbts
wi bim ne Wienerwauzer.

U i gseh au di Bletter
e Masurka tanze.

U was gsehsch du?

# Zmitts im Piischte…

Mängisch düecht es mi,
i mög de öppe nümm.
I müess geng nume obsi.
Di herte Rucksackrieme
schniidi mer i ds Fleisch.
Aber zmitts im Piischte
chunnt mer öppe z Sinn,
dass z Ausschwitz Ching
hei Schmätterlinge zeichnet.

# Loslaa

Mängisch
gheit der Schnee
o uf dis Gmüet.
La ne lige!
Häb di stiu!
Muesch nid
wöue stercher sii,
aus dass de bisch!
Mach doch Winter!
La chli los!
D Böim lö d Bletter
schliesslech o la gheie.

# Chärne

Der Start zum Höheflug
isch uf em Bode.
Der gross Gedanke
faat im Chliine aa.
Ussergwöhnlechs
het si Ursprung
meischtens im Banale.
Nid us jedem Chärne
gits e Öpfuboum,
aber jede Öpfuboum
isch mau e Chärne gsii.

# Schutz

Mir motze wider.
Chlage über Stress
u ds Gstungg
u ds Gschäft
u au di tuusig
Chugele u Cherze.
Isch äch das Gfutter
Schutz u Schiud
gäg ds Ching i üs,
wo hiuflos
i re Chrippe ligt?

# Kari u d Gfüeu

Mit sine Gfüeu het Kari Chrieg.
Nume grad us Schadefröid
cha ner öppe wihere vor Lache.
Hingäge lächle gseht me Kari nie.
Rüerig u Ergriffeheit,
Fründlechkeit u Zärtlechkeit
sig Wiiberzüg, seit Kari.
Kari hets di Tage schwär.
Vermuurets gwichtet dopplet
im Liecht vor Wienachtszit.

# Der Ängu

Der Ängu chunnt u seit,
du müessisch di nid förchte,
er heig der d Hoffnig bracht.
Du muesch ne weder gseh
no siner Wort verstah.
Er bruucht di Gloube nid.
Er wott ke Gägeleischtig.
Der Ängu isch das, was er isch.
U d Hoffnig isch sis Gschänk.

# Der Tanz um d Macht

Me fragt bim unschenierte Tanz
um d Macht u d Marktaateile
nid nach em Gspüri für e Takt.
Trample ghört zur Choreografii.
U die, wo das nid wei u chöi,
scheniere sech, wiu si dernäbe stöh,
u chlatsche us Verlägeheit der Takt.

# E ärnschti Sach

Ds Läbe isch für üs e ärnschti Sach.
Derbii gseh üsi Tänz u Cheerli
für höcher ufe oder witer füre z cho
mängisch däwä blöd u luschtig uus,
dass mer gschider zäme würde lache.

Mozart ghört für üs zur ärnschte Musig
u mir lose zue wi stiifi Türlistöck.
Derbii si siner Tänz u Cheerli
so fäderliecht u vou vo Heiterkeit,
dass mer gschider zäme würde tanze.

# Chuenagu

We me bi der Affecheuti inechunnt
us eim süngget wi vo tuusig Stiche
u me drum ir warme Stube
umestämpflet u d Finger ribt
u schlotteret u seit: Es neglet mi,
de het das sprachlech Hang u Fuess.
«Chuenagu ha» hingäge git mer z dänke!
Wo zum Gugger hets der Puur zum Bruuch,
siner Chüe zum Bschlaa i d Schmitte z bringe?

# Ds blaue Band

Er spienzlets wider,
ds blaue Band.
U mit däm Blau
verwütscht er au.
Me wetti Blaue mache.
Wett i ds Blaue fahre.
Mörikes Bändublau
isch d Farb vor Witi
u vor Längiziti.

# D Zit

D Zit isch üsi Uhr, wo louft
u so e relativi Grössi misst,
wos vilech gar nid git.
U gliich, mir hei u wei se.
Mir gwinne se, verlüüre se.
Mau ischs no lang nid
u de wider höchschti Zit.
Sit mer d Zit erfunge hei,
drääie mer drumume.
E Tanz um nes Phantom.

# Weder äbe…

We d Widezöttle lüüchte,
d Amsle ihri Lieder üebe,
d Stare d Näschter rüschte,
dusse aues nöi errünnt,
de faats o innefür a chrible
u i wett use us mir Hut,
der dünne, aute mit de Faute.
Weder äbe…

# Weisch no?

Weisch no,
wi mer aube
i winzige Bikini
am Meer naa
uuf u ab si gfüdelet
u d Nase grümpft hei
ab em fräche Pfiiffe
vo dene Schnuderine
mit de Choleouge?
Aber gäu,
es röit is gliich nid,
dass dennzumau
d Political Correctness
no isch es Frömdwort gsii!

# Bäfzge battet weni

Bäfzge battet weni.
Luts u gauigs Gschär
trifft säute ds Gmüet.
Wär chäderet u chiflet
u chouderet u chniepet
u giftelet u göiferet,
dä lärmidiert i ds Lääre.
Hingäge bi de fiine Tön,
ob heiter oder truurig,
bi chliine, stiue, simple Wort,
wo chöme wi uf Chatzepfote,
geit ds Härz eim ender uuf.

# Karfritig

Hoffentlech gits o für die
i de Trümmer, im Chrieg,
für die uf der Flucht,
wo nüt hei aus Angscht
u au Tag Karfritig,
hoffentlech gits o für die
e Oschtermetapher!
Wi sötte sis süsch ertrage,
ds Biud vor Hoffnig am Chrüz?

# Oschtere

Di ewignöie linde Lüft
hei wider Tagwach blase.
Der Härd wird liecht u läbig.
Es gramselet u chräsmet.
D Hoffnig chunnt i d Bluescht.

# Egozäntriker

E Egozäntriker isch nid z beniide.
Dä isch sech säuber so der Nächscht,
dass nüt u niemer a ne härechunnt.

# Italie…

La nis zäme chli la tröime!
Ouge zue u ds Gspüri uuf!
Lueg dä siuberstoubgrüen Hügu
mit der perlewiisse Serpentine
wi ne ändlos längi Schlange!
Gsehsch di fiine Längizitifarbe?
Das goudigblaue Liecht?
Das isch es! Kennsch es doch!
Das isch das Land vom Goethe!
Ds Land, wo die Zitronen blühn.

# We mer grad wette

We mer grad wette,
chönnte mer use,
der Früelig ga luege.
Aber mir säge,
mir gseeie das nid.
Mau hei mer ke Zit.
Mau finge mers z nass.
Öppis Guggers isch geng.
Wi gsehts äch dä Blind,
wo gseit het, mängisch
wett er, er chönnt
us sech use a ds Liecht?

# Angscht

Mängisch rächne
u angschte mer
äuä chli z viu.
Zwar erliide mer
ds Stärbe
einisch de scho.
Aber der Tod
erläbe mer nid.
Wi wette mer o!
Der Tod tuet
Tote nid weh.
Er isch d Crux
vo dene, wo läbe
u d Sprach
nid bim Wort näh.

# Egau, was passiert

Jitz chöme d Blueme!
D Böim stöh ir Bluescht!
Ds Gras isch im Saft!
Egau, was passiert
i üsne Hirni u Hüser,
der Früelig, dä chunnt
u wird o no cho,
wes üs nümme git.
Di Gwüssheit git Bode.
Oder si hout eim zmingscht
süüferli zrügg uf e Teppich.

# Kari u ds Erhusete

Sis Erhusete, seit Kari,
göng niemer öppis aa.
U er laat o kene dra.
Er trout kem Mönsch.
U o ker Bank.
U au däm Mischt,
däm änglische,
no minger.
Shareholder value
töni doch wi Brei im Muu.
Nenei, si Schübu blibi,
gschääch, was wöu,
deheim im Strumpf.
U sötti eine cho
u öppe öppis wöue,
de säg er däm, seit Kari,
dütsch u dütlech:
Finger ab der Röschti!

# Mei

Hützutags
si grossi Ching
nümm schüüch,
wi mir si gsii.
Rase dür e Früelig
mit Redli a de Füess,
em Handy i der Hang
u Ringe i der Nase.
Hingäge, we si sech
so rächt verliebe,
de si si wi der Mei.
U Mei blibt Mei.

# Üse zöpflet Mischt

Mir angschte geng um üsi Eigenart.
Derbii singt der exotisch-mystisch
Stephan Eicher im Olympia z Paris
ds Lied vo de Hemmige vom Mani Matter
u das vom Vreneli ab em Guggisbärg.
U aui summe mit wi bi der Marseillaise.
Üse zöpflet Mischt isch nid i Gfahr,
we mer üsi Heeg chli witer stecke.
Es git nid nume Grosis Zöpflimuschter
für üsi überliferete guete aute Zöpf.
Di Junge flächte die geng wider nöi.
Me sött se nume meh la mache.

# D Sprach

Wo aube d Gärber ihri Hüt
no hei im Stadtbach gwäsche,
si ne öppe d Fäu etwütscht
u si hei ds Nacheluege gha.
Di Zite si scho lang verbii.
Aber ds Gärber-Biud isch blibe.
D Sprach nimmts äbe gsatzlech.
Ob Bänker oder Bänkelsänger,
ob Hüserbsitzer oder -bsetzer,
aune schwümme o i üsne Tage
öppe einisch d Fäu dervo.
De Sänger u de Bsetzer ringer.

# Ufmotze

Blöffe oder drohe mit
em grosse Brüetsch
wi anno dennzumau
aus grossi Chliini
cha me leider nümm
aus chliini Grossi.
Drum nimmt me öppe
gärn es Muu vou Rilke.
Oder fingt mit Goethe.
Zum Glück gits Klassiker.
Di motze eim chli uuf.

# Me faat aa frömde

Si fröit sech wi nes Modi.
Er houdert no wi ne Junge.
Zwo Uhre loufe asynchron.
Eini louft für d Hüutschele,
u di louft geng u lut u schnäu.
U die für ds Gmüet u ds Gspüri
bewegt sech nume hübscheli
u blibt o öppemau chli stah.
U ungereinisch ischs so wit.
Di glatti Seeu u ds weiche Gmüet
u d Runzele u d Gstabichnöde
ghöre zäme ohni zämezpasse.
U me erchlüpft u faat aa frömde,
we me sech im Spiegu gseht.

# Äuä gliich

Ultramegagiga heisst d Parole.
U wes nümme geit, wird dopt.
Rächne tüe mer internationau.
Schlaui Spinnele vernetze sech
u spanne ihri Side, bis si riisst.
Aber we mer d Chatzebusle
schmüselig um d Bei um striicht
oder irgendwo e Güggu chrääit,
we d Sunne ds Gras vergoudet
oder we nes Toteglöggli lütet,
de düechts mi, ds Läbe sigi äuä
gliich no öppe gliich wi aube.

# Kari u der Summerräge

Kari weiss,
dass aui säge,
er sig e Giftzwärg.
Drum brümelet er:
Wartet nume,
bi der cheibe Nessi
wachse d Schwümm
glii o uf üsne Gringe!
U de gits uf öine
äuä fadi Ruschtig.
Aber uf mim Gledu
chunnt de miseeu
e rote Flöigepiuz!

# Tröime

Scho schön,
so ne Villa,
e Sägujacht!
Hingäge das,
wos bruucht
für se z ha,
chli minger.
Tröime
isch ringer.

# Der Vergliich

Ohni Leids wär o nüt guet.
We me nie würd liide,
würd me gar nid gspüre,
wi wunderbar es isch,
we eim nüt fääut.

# Mischt

Für ne Nöiaafang
bruuchts zersch es Ändi.
Dass me mängisch fingt,
das u dises sig e Mischt gsii,
aber me heig glehrt derbii,
chunnt nid vo ungefähr.
Us Mischt wird äbe Dünger.

# Loslaa

We me für e anger
nume ds Beschte wett
u redt u macht u tuet
u dä nid lost u wott,
de seit me glii mau:
Blas du mir i d Schue.

Nume d Liebi schaffts,
dass me, ohni z rächte,
der anger cha la mache,
o we ner angers tuet,
aus wi me meint, er sött.

D Liebi hiuft eim loslaa.
Loslaa, nid la gheie.

# Scho gspürt me…

Scho gspürt me da u dert
e liisi Wehmuet ussefür.

Uf em Summerflider-Lila
ligt e dunkle Schatteton.
Im Gras es Hüüchli Goud.
Bewegig i de Böim
gits nume no bi Wind.
D Bletter flirre nümme.
Dä sidig Glanz isch wägg,
wo d Sunne gspieglet het.
U uf de Dräht u Firschte
di erschte Schwaubereihe,
zwäg zum glii mau Gah.

Scho gspürt me da u dert
e liisi Wehmuet innefür.

# Geng uf em Sprung

Rueig düreschnuufe
isch nid grad businesslike.
Sorgfäutig u bedächtig
chunnsch niene hi.
Uf em Sprung isch in!
Geng usser Aate trendig!
Gstresst bisch bi de Lüt!
We o vilech nid so lang.

# I cha nid schwige

I ha mer gseit,
i sägi dasmau nüt.
Chönn doch mitüüri nid
geng ds Gliiche säge.
Nume geng chli angersch.
Aber es geit nid.
I cha nid schwige.
Wiu mer d Stoppufäuder,
der Honigton im Gras
u d Bronze i de Böim
schier d Sprach verschlö.
Aber äbe nume schier.
Drum säge nis haut gliich:
Gsehsch das weiche Liecht?
Ds lüüchtige Septämbergoud?
Es isch geng wider gliich.
U gliich geng wider angersch.
Gäu, das isch schön!
U gäu, das muess doch gseit sii!

# Sehnsucht

Ds spieguklarschte Meer
isch nie so türkisblau
wi d Sehnsucht nach ihm.
U gliich, es ziet mi aa!
I gspüre, i muess gah,
u la mi gärn la zie!
Scho wäg der Vorfröid.
Vorfröid isch wi Hoffnig.

# Autwiibersummer

Es Gschänk, di Zärtlechkeit
vom letschte laue Wind!
Glii wird ds warme Liecht
vo länge Schätte gschlückt.
U glii chunnt, wirsch es gseh,
d Political Correctness
u hänkt o ds liebe Wort
Autwiibersummer
besserwüsserisch a Nagu.

# So faats aa

Es isch nid gseit,
dass, was me seit,
o jedem das seit,
was me meint.
U we ni jede säge,
meine ni der Mönsch.
Gäu, du hesch gmeint,
i mein der Maa!
Gsehsch, so faats aa!

# Geng meh

Me ma u cha
geng meh
chli minger.
Das hänkt aa.
Bis me merkt:
Nümm chönne
heisst o
nümme müesse.
De liechtets.

# Im Spicher

D Böim si läär u d Spicher vou.
Di aute Spicher stöh zwar
lengschtens uf em Ballebärg.
U gliich la ni dä geschtrig Satz
i mim Computer-Spicher.
D Böim si läär u d Spicher vou
isch so es tröschtlechs Biud,
we merksch, wi d Tage churze.

# Zwüschetön

We me jung isch,
fingt me nume
blaue Himu schön.
U d Musig
wott me lut.
Es düecht eim,
wes söu fäge,
müessis räble.
Ersch im Auter
wärde Zwüschetön
genau so schön.
Me ghört u gseht
zwar schlächter,
aber geng wi meh.

# Strahle

Mängisch gseht me auti Lüt
ungereinsch wider strahle.
Si säge nüt, scheniere sech,
we si, gliich wi früecher,
nomau ds Härz verlore hei.
Derbii isch doch das Glitzere
i scho chli trüebe Ouge
schön u tröschtlech
wi ne Rose im Novämber.

# Di aute Biuder

Wo der Mond
ufgange isch,
hets e Dichter
einisch so berüert,
dass er si Ergriffeheit
het mit is wöue teile.
Het gseit, der Waud
stöng schwarz u schwigi
u us de Matte stigi
Näbu wiiss u wunderbar.
Sit bau zwöihundert Jahr
steit sis Novämberbiud
jitz da u blibt u schwigt.

# Advänt

Advänt, Advänt!
Es tuet u macht
u glitzeret u blinkt.
Abertuusig Stärne.
Abertuusig Liechterböim
i abertuusig Gschäfter.
Gloubt der Gugger woou,
dass me i däm Liechtermeer
d Cherzli chuum me gseht.

# Gnietig

Kennsch das o,
das Gnietigsii,
aus ir Ornig,
d Stüüre zaut,
ke Grippe,
kener Lämpe –
u gliich ischs eim,
aus fähli öppis
oder sigi z viu.

Weisch no,
wi mer früecher
aube planget hei
uf d Wienacht?
Ischs äch das?

# Längiziti

I bi gärn chli bsoffe
vo unerfüute Tröim.
Vo Sehnsücht,
wo ni nid cha stiue.
We ni, was i wetti,
geng chönnt ha,
hätti sicher Heiweh
nach der Längiziti.

# Wienachtszit

Wienachtszit.
D Zit, wo Chinderouge
gross i d Cherzli stuune
u nume ds Lüüchte gseh.
D Zit, wo auti Ouge
im Liecht vo dene Cherzli
ihres Abebrönne gseh.

# Zahle

Was heisst scho
ds Jahr geit z Änd?
Mir chöi se mässe,
aber nid ermässe,
ob si würklech
oder was si isch,
di gmässni Zit.
Si isch aus u nüt.

# Der Kreis

Ds Jahr
faat wider aa.
Wi der Tag
o jede Morge
wider chunnt.
Ke nöie Tag,
d Sunne
schiint ja geng.
D Unändlechkeit
füert nid i ds Nüüt.
Si isch der Kreis.

# Gsii isch gsii

We ni hüt geng
dranne umehirne,
was i geschter
aus verpasst ha,
chume ni mitüüri
morn o wider
nid drumum,
der geschtrig Tag
zu de verpasste
müesse z zeue.
Drum la nis sii.
Gsii isch gsii.

# Aues offe

Schnäuentschlossni
wüsse geng,
was Sach isch.
U bi jeder Chrüzig,
weli Richtig richtig.
Mir wär das z soodig.
Mir würd ds Spile
mit de Müglechkeite fähle.
Solang me zwiiflet,
isch u blibt o aues offe.

# Lorbeerchränz

Sech füre- oder ufeschaffe
macht eim nid nume müed.
Lorbeerchränz tüe woou.
Nume si die schnäuer röösch,
aus eim der Zopf ergrauet.

# Bewegig

Es louft geng rund.
O we ni blibe stah.
D Ärde isch e Chugle
u suuset zringsetum.
Das weiss me, gspüre
tue ni di Bewegig nid.
Aber we am Horizont
d Sunne ufechunnt,
wachse mer bim Luege
mängisch plötzlech Flügu.
U i gspüre e Bewegig,
wo me weni vo re weiss.

# Geng gliich

Geng meh Tämpo.
Geng meh Roubbou.
Aues geng wi meh.
U d Schneeglöggli
blüeje geng wi geng,
we d Tage länge.
Gieng das Blüemli
eim so naach, wis sött,
wär mängs angersch.

# Woougmeints

Di Aute rede,
wi si säge,
us Erfahrig,
we si säge,
was di Junge
sötte.

Di Junge rede,
wi si säge,
us Erbarme,
we si säge,
was die Aute
nümme sötte.

# Ha u la gah

Was me meint,
me müessis ha,
us geng muess häbe,
liess me gschider gah.
Loslaa cha eim sterke.
Verlüüre macht eim chliin.

# So gseh…


Mängisch schlat
der Blick i Spiegu
eim uf ds Gmüet.
Rümpf im Gsicht.
Wider einisch
Ja statt Nei gseit.
Ds Fautsche gässe.
Ds Lätze trunke.
Das nid gmacht.
Bi äim verseit.
Aber we de öpper
eim i Arm nimmt
u trotz dene Näggi
eifach aafat lache,
sött me vilech o.

# Nume dusse

Hinger grosse Schibe
vom nöie Autersheim
luege Auti zue,
wis dusse Früelig wird,
u schwige, u das Schwige
handlet vom Aleisii.

# Höbelispän im Oug

Gschmiichlet sii miech nüt,
fius eim nid däwä schwär,
e Schmiichler so z gseh,
wi ner ohni Biifau für is wär.
Weder äbe, so ne Höbeler,
wo eim chli schön der Schmus
cha bringe, chunnt haut drus!

# Useplodere

Wi ds Bisewätter
göh Gedanke
düre Chopf.
Me sött meine,
rede chönn me nid
so schnäu wi dänke.
Teu tües leider gliich.

# Nume ds Lache

Aune schwümme
öppe d Fäu dervo.
De heisst es haut
nomau vo vorne!
Aber irgendeinisch
wachse eim di Fäu
de nümme nache.
U für ds Wideraafa
fähle Chraft u Zit.
Immer wider nöi
isch nume ds Lache.
We mes nid vergisst,
blibts eim erhaute.
O we ds letschte Fäu
em Meer zue tribt.

# Oschtertage

Aube si di Tage
vou vo Farechrut,
Söibluemebletter,
Pinseli u Stifte gsii.
Di Zite si verbii.
Aber si si gsii.
U das zeut meh.

# 2001

Gliich, ob üse Fortschritt
füre- oder zrüggfüert,
es geit mer langsam
aues e chli z schnäu.
Ds munzigchliine Züüg
ir Wäut vor Elektronik
macht mi z förchte.
U no schwärer tue mi
mit der Tatsach, dass mi
muess vor Chüe scheniere,
we ni ne i d Ouge luege.

# Blowing in the Wind

Em Johannes
isch der Chopf
abgschlage worde,
wiu ir Wüeschti
z vili glost hei,
we ner usgrüeft het
gäg üsi Sünde.

Settig herti Brüüch
si nümme Sitte.
Üsi Mahner blibe
Rüefer i der Wüeschti,
solang si wei u möge.

Es lost ne aber äbe
o schier niemer zue.

# Kari u ds Dänke

Kari isch normalerwiis ke Schnuri.
Aber er chas nid verputze,
dass er ds Dänke nid cha länke
us im Hirni ungfragt umegoret,
we ne öppis aaschämt oder rüert.
Er cha ds Dänke nume gschweigge.
U drum pladeret er i so Fäu druflos.
Kari isch mit der Methode nid alei.

# U eines Tages…

Aus Pfüderi
luegsch ufe
zu de Grosse.
Treisch mängisch
im Verschmöikte
ihri grosse Schue.

U eines Tages
ghörsch derzue.
U de luegsch
uf di Aute abe.
Dänksch mängisch
im Verschmöikte,
so wärdsch nie.

U eines Tages
ghörsch derzue.
U de luegsch zrügg
u gsehsch aus
e chli angersch.

# Computerkompatibel

Der Computer macht
hüt aus zum Spiu.
Nid nume ds Paradiis,
der Himu oder d Höu,
o der Hades, Avalon,
de aute Grieche,
Kelte u Germane
ihri Toteriich beläbe
trickriich d Monitore.

Nume no ds Nirwana
ghört alei der Fantasii
vo Dänker oder Dichter.
Der Ändzuestand
vor absolute Rue isch
nid computerkompatibel.

# Nume ds Auter

Aut sig schön,
het eine gseit.
Ds Müesse
sig verbii.
Z erwarte
heig me nüt meh.
Drum sig aues,
wo no chöm,
es Gschänk.

Ohni z dänke
chunnt me äuä
chuum so wit.
Nume ds Auter
chunnt vo säuber,
d Gschidi nid.

# D Chatz hingäge…

Mängisch stah ni
i der Schönheit
vo mir Umwäut
u bi wit ewägg,
ha Längiziti
nach em Meer.
D Chatz hingäge
plegeret im Gras,
schnürelet e Rundi
oder pfuuset zwo.
Si isch eifach da.
Di het vom Läbe
äuä meh begriffe.